Cirugía Estética Consciente

Sugerencias, consejos, tips prácticos de planificación y cuidados durante el pre y post operatorio.

Contiene Listas de Chequeo y Planificación diseñadas para asistir cada fase del proceso paso a paso.

INDICE

Prefacio

La razón fundamental que me inspiro a realizar este trabajo fue crear una herramienta práctica y útil con información sencilla para cualquier persona que desea prepararse y concluir un procedimiento estético con éxito, de tal forma que le pueda aportar una forma más consciente de experimentar y planificar cada una de las fases del proceso, así como cuidar de los resultados que serán permanentes y en casi todos los casos irreversibles.

Este manual no trata de ampliar temas específicos acerca de la cirugía plástica, ni trata de sustituir indicaciones, procedimientos o recetas médicas dadas por cualquier especialista, yo no soy ni medico ni especialista en el área estética. Es un trabajo estructurado desde mi propia experiencia con la cirugía plástica y mis habilidades para la planificación y organización. Condensé información de la web, fusionándolos con mis propios conocimientos y experiencias, para crear la mejor guía práctica posible desde lo que a mí me funcionó, y tú puedas sacar el mayor de provecho de eso.

A lo largo de la lectura te encontrarás con los *¡Plus! que* aportan información concreta, completamente empírica y práctica para hacer más cómodo el proceso.

Siguiendo mi idea, diseñe 3 **Listas de Chequeo** muy completas que puedes tener a mano para asistirte, indicándote paso a paso todo lo que debes saber, hacer y vas a necesitar antes, durante y después del procedimiento quirúrgico, de esta forma evitaras omitir algún detalle importante.

Así mismo, el cambio en tu imagen implica una inversión, para ello diseñe un sencillo **"Planificador de Gastos"**. En él puedes plasmar los costos que tendrás que cubrir, de esta manera puedas formarte una idea de cuánto dinero debes disponer y tengas una guía para organizar tus finanzas de manera consciente y sana.

Finalmente diseñe un sencillo y practico **"Cronograma para el tratamiento Post operatorio"**, el mismo sirve de apoyo para cumplir la ingesta de medicamentos de manera organizada, y que les permitirá a ti y a la persona encargada de asistirte, llevar un control seguro de las tomas en las horas precisas.

Todas estas herramientas las conseguirás al final de este trabajo.

Mi deseo es que este sencillo material te sea lo más útil y contributivo posible. Y que seas feliz en el camino.

¡Exitos!

Ileana Pérez Bruguera

Licenciada en RRHH

Terapeuta Sistémico - Constelador Familiar

- Terapias Integrativas y de Exploración Personal

- Facilitadora de Expansión de Consciencia

- Emprendedora

Valencia, Venezuela

Agosto, 2019

Para consultas, dudas y asesorías puedes comunicarte conmigo a través de mi e-mail: ilo.mpb@gmail.com, Instagram y Twitter: @iloperez

¿Qué necesitas saber antes de una Cirugía Estética?

La Cirugía Estética comprende procedimientos que en el pasar de los años se han hecho más comunes, una solución para quienes por medio del bisturí quieren mejorar su rostro o su cuerpo, bien sea por belleza, salud, vanidad, bienestar, malformaciones genéticas, secuelas de enfermedades o secuelas accidentales.

Como toda intervención quirúrgica conlleva tomar decisiones y en consecuencia sus riesgos. Por ello es primordial comenzar por plantearnos todas las dudas y preguntas necesarias antes de someternos a una operación o procedimientos de estas características.

Gran parte del éxito de una cirugía plástica radica en el conocimiento, análisis y la planificación que se haga de cada fase del proceso a seguir y en tener las respuestas que ayudaran a hacer la mejor elección y a tener éxito en ella.

A continuación revisa los siguientes puntos básicos y algunas preguntas necesarias a tener en cuenta en la toma de decisiones, plantéate tus propias dudas e inquietudes, escríbelas e investiga. No te quedes solo con lo que planteo en este material.

1.- Elegir al Cirujano.

Antes de elegir el médico que va a operarte, es importante que verifiques la formación que tiene, esto se refiere a sus credenciales, a la Universidad de donde es egresado como médico y como Especialista en Cirugía Plástica, si pertenece a la Asociación de Cirugía Plástica de su País y si tiene las licencias y seguros requeridos. Esto debe sumarse al conocimiento que se tiene sobre su desempeño profesional, su calidad ética y personal y los resultados de las cirugías que ha realizado.

Hoy en día y gracias a las Redes Sociales, puedes verificar la experiencia del cirujano en el procedimiento que desees realizar y los resultados que esté teniendo con sus pacientes, así mismo como verificar que el centro médico cuente con todo lo necesario para estos procedimientos. Muchos cuentan con su propio sitio web, investiga, lee los comentarios de sus pacientes, no te quedes solo con una recomendación boca a boca.

2.- Conocer cuáles son los posibles riesgos y complicaciones.

Cada tipo de cirugía plástica tiene riesgos asociados, habitualmente manejables, incluso por lo mismo tu como paciente no debes ocultar ninguna patología previa, enfermedad o consumo de sustancias a tu médico, de manera que él esté al tanto de las posibles complicaciones en la cirugía estética a realizar.

3.- ¿Cuántos procedimientos puedo realizarme en una sola cirugía?

Es muy importante que consultes con el médico cuántos y qué procedimientos puedes realizarte, es necesario conocer a cuantas horas de anestesia vas a estar expuesta/o, cuales son los riesgos que tiene cada una de las cirugías que deseas y como se da la recuperación de cada una de ellas (tiempo, tipo de cuidados, limitaciones en actividades de la vida diaria, etc.).

4.- ¿Qué tipo de tratamientos post quirúrgicos y controles necesito?

Cuando indagas por las cirugías de tu interés, normalmente no se tiene en cuenta que una clave súper importante para la recuperación y los resultados, son los tratamientos post-quirúrgicos, al planear tu cirugía ten en cuenta el tiempo que se requiere para realizar los tratamientos y controles necesarios, estos tratamientos complementarios agilizan la recuperación y mejoran los resultados de la cirugía.

5.- ¿Qué cuidados especiales debo seguir después de mi cirugía?

El trabajo realizado por el cirujano es muy importante para los resultados de la cirugía, sin embargo los cuidados que tengas en tu post-operatorio definirán también los resultados. De manera general, ten presente que se deben evitar actividades de movimientos fuertes y bruscos, debes alimentarte de manera sana y balanceada, debes tener reposo y tranquilidad, evitar salir durante los primeros días después de tu cirugía y si lo haces, buscar medios de transporte cómodos y cuidadosos, debes realizar puntualmente tus tratamientos post-quirúrgicos, debes usar los soportes post-operatorios especiales que recomiende el médico, en fin debes seguir al pie de la letra las indicaciones dadas por tu médico.

6.- ¿Cuándo puedo retomar mis actividades después de una cirugía plástica y cuanto tardara la recuperación?

Debes saber cómo serán las primeras 24 a 48 horas, como también cuándo podrás volver a trabajar, a realizar actividades que requieran esfuerzo y el tiempo necesario para ver resultados definitivos.

La última palabra la tiene el cirujano, así que es fundamental que se tome el tiempo que él recomienda y sigas las indicaciones para que tu proceso de recuperación se ajuste a lo previsto, es fundamental que asistas a los controles con tu médico puntualmente y si tienes alguna molestia o incomodidad la manifiestes inmediatamente. También debes recordar que la recuperación total no se da instantáneamente tras la práctica de la cirugía, se requiere un tiempo mínimo de 3-6 meses para saber cuál va a ser el resultado final.

7.- ¿Cuáles son tus expectativas frente al resultado de la cirugía?

Este punto es quizás uno de los más importantes a considerar consigo mismo, sugiero realizar un ejercicio juicioso de plantearte qué es lo que buscas y esperas al someterte a una cirugía plástica desde tu deseo, el criterio de unos es muy distinto al de otros, no puedes tomar tu decisión porque tu mejor amiga/o o tu pareja te lo recomienda, puedes tener en cuenta la opinión de ellos pero la necesidad y la decisión deben ser únicamente tuyos, además debes tener claro cómo quieres el resultado y debes discutirlo con el cirujano los días previos a la cirugía, no puedes dejarte llevar solo por modelos o estereotipos de belleza, toma en cuenta que cada cuerpo tiene su belleza propia según su genética, su forma y memoria, ajusta tus expectativas y así evitaras la frustración de no haber logrado lo que realmente buscabas.

8.- ¿Es necesaria la hospitalización después de la cirugía?

La cirugía plástica avanza a pasos agigantados, cirugías que antes requerían varios días de hospitalización hoy son procedimientos de rutina que pueden realizarse de manera ambulatoria, pero eso no le resta importancia a los cuidados que se deben tener después de ser operado. Discute en la cita de definición con tu cirujano, la importancia y la necesidad de ser hospitalizado, en muchos casos los cirujanos no lo recomiendan para evitar el riesgo de infección, pero si vas a someterte a una cirugía mayor y el médico te lo recomienda sigue sus instrucciones. Si para ti es importante permanecer interno, plantéaselo a tu doctor y discute con él la pertinencia y los riesgos de hacerlo o no hacerlo. El cirujano debe ser más que tu asesor, y tú debes confiar en su experiencia y bagaje.

9.- ¿Debo verificar mi estado de salud antes de la cirugía?

Este punto es fundamental. Es muy importante que realices los chequeos indicados y pruebas complementarias (electrocardiograma, radiografía de tórax, exámenes de laboratorio, entre otras), cualquier resultado negativo en este chequeo es un indicador de que no es el momento para operar ya que tu salud puede estar en riesgo. Si estás pensando viajar a otro país a realizarte un procedimiento estético, asegúrate con tu médico personal que estas en las condiciones ideales para viajar y operarte, no dejes para realizarte los exámenes en el país donde te vas a operar, es demasiado riesgoso y las consecuencias pueden ser fatales.

10.- ¿Es seguro operarme en otro país?

El Sector del Turismo Médico ha evolucionado en los últimos años de modo sorprendente, hoy en día es común que las personas viajen a diferentes países buscando servicios de muy buena calidad a menores precios que los que encuentran en sus países de origen, hay muchos países que se están posicionando por la alta calidad de los servicios que ofrecen, además de que tienen toda la infraestructura para albergar al turista y proveerle una experiencia muy agradable. Si estás pensando viajar a algún lugar para realizarte la cirugía plástica, investiga más sobre el sector del Turismo Médico en ese país, no tomes la decisión de viajar sin conocer la organización de la ciudad a donde viajas en términos de turismo y seguridad, la infraestructura de hoteles, clínicas, transporte, verifica qué vas a encontrar al llegar y trata de buscar la asesoría de expertos para organizar tu viaje. Busca una Empresa de Turismo Medico que pueda acompañarte en el proceso y asistirte en cada una de tus necesidades.

11.- ¿Si elijo viajar, qué requisitos debe cumplir la empresa o persona que me ofrece el servicio de Turismo Medico?

- Asegúrate de que sea una compañía legalmente constituida y certificada en el país donde ofrece el servicio.

- Verifica que trabajen con proveedores totalmente certificados: es fundamental que los proveedores cumplan con todos los requisitos y cumplan con las regulaciones del país donde ofrecen el servicio.

- Exige que se elabore un documento o contrato que defina los servicios que van a ofrecerte y el valor que vas a cancelar, es importante estar seguro de lo que te ofrecen y de que al llegar a tu cirugía no te exijan más dinero o te planteen la necesidad de servicios que no te mencionaron en el proceso de selección.

- Verifica el tipo de servicio que ofrecen. Cualquiera que sea tu condición económica, debes tener una atención de excelente calidad. La solución oportuna de tus necesidades y problemas, y el sentirse atendida/o como VIP también contribuirán a los resultados de tu viaje y tu cirugía.

Una vez tengas en claro todas tus dudas, el próximo paso es comenzar a armar y planificar el camino hacia la cirugía.

A continuación encontrarás toda la información que considero relevante a tomar en cuenta. Tener claridad y seguridad en cada uno de los pasos te permitirá construir un camino más ligero y consciente durante todas las etapas del proceso. También encontrarás lo que he llamado los *¡PLUS!*, son recomendaciones especiales desde mi experiencia para que tu experiencia sea más cómoda y amable.

Para cada una de las etapas diseñé **Listas de Chequeo**, en ellas está contenida toda la información que necesitas para que de forma práctica, fácil y organizada, puedas adaptar tu tiempo en cada uno de los pasos a dar y no se te escape ningún detalle. Las encontrarás al final de este trabajo.

¡Vamos, comencemos!

Preparando el Pre operatorio.

· 4 - 6 Semanas previas a la cirugía.

En esta primera etapa debes buscar tener muy en claro los siguientes puntos:

-Lo primordial es tener una comunicación clara y abierta con tu cirujano, que te permita balancear tus expectativas con los resultados reales y así aclarar cualquier duda o inquietud que tengas acerca del procedimiento, la recuperación y los resultados. Es importantísimo que le comuniques a tu médico si padeces de alguna enfermedad o patología.

-Asegúrate de consultar con el médico los medicamentos que no están permitidos consumir antes de la cirugía.

-Pregúntale a tu cirujano si él aprueba la ingesta de Árnica y Centella Asiática en el periodo post operatorio, estas son hierbas de venta libre (dependiendo de tu país), son excelentes y de gran ayuda para recuperarse de las hinchazones y moretones.

-Si fumas, debes dejar de hacerlo en esta etapa (lo recomendado es que sea un mes antes de la cirugía). La nicotina tiene acción vasoconstrictora que estrecha los vasos periféricos, lo que dificulta la nutrición de los tejidos. Fumar reduce los niveles de oxígeno en la sangre lo cual inhibirá la curación y hará que el proceso de cicatrización y recuperación sea substancialmente más lento.

-Cuida y prepara tu cuerpo, es fundamental ingerir una alimentación adecuada a base de vegetales y frutas, especialmente aquellas con mayor contenido de vitamina C, esencial para una buena cicatrización. Enriquece tu dieta con proteínas existentes en las carnes, granos y huevos. Todos estos alimentos básicos son fundamentales para producir colágeno y así recuperar los tejidos después de la intervención.

-Cuida y prepara tu piel, utiliza cremas o lociones hidratantes de 2 a 3 veces al día. Las hidratantes prenatales o reafirmantes son ideales para nutrir tu piel antes de los cambios quirúrgicos. De igual manera si tu cirugía es en el rostro, cuida la piel con hidratantes y protector solar.

-Busca y adquiere según tu tipo de cirugía los soportes especiales post operatorios que recomiende el médico, tales como faja, brassier, banda elástica, etc. En el mercado existe una gran variedad de proveedores de este tipo de artículos, en algunos casos, hay médicos que las suministran e incluyen en el presupuesto para la cirugía.

¡Plus 1!

Es recomendable que adquieras un par, por ejemplo: 2 fajas o 2 brassier. Recuerda que mínimo los usaras por un mes completo y es necesario que no te quedes en ningún momento, fuera de tu aseo personal, sin ellas. Toma en cuenta que las heridas drenan y el propio sudor corporal creara malos olores, el aseo personal es importantísimo para prevenir infecciones. Esto te da la oportunidad de que mientras tienes una puesta, puedas lavar la otra.

-Si tu período menstrual es alrededor de la fecha fijada de la cirugía, asegúrate de hacerlo saber al médico. Esto ocasiona más sangrando durante la cirugía y sería mejor si sabe de antemano que esta es tu condición. También algunos cirujanos plásticos podrían querer que uses tampón en lugar de una toalla higiénica, o programar la cirugía fuera de tu período menstrual.

-Asegúrate de hacer los arreglos para que alguien te acompañe y conduzca hacia y desde el lugar donde se llevará a cabo la operación, y de tener un acompañante que pueda asistirte la primera semana después de la cirugía plástica. Esto debes planearlo con antelación, ya que en el caso que alguien cancele, todavía tienes bastante tiempo para encontrar un reemplazo. Asegúrate que tu acompañante tenga de antemano una lista de los cuidados del post operatorio. (En la **Lista de Chequeo 2** tienes toda la información necesaria, cuando vayas a tu cita previa a la cirugía, ten una copia para ti y una para tu acompañante).

-Si tienes niños pequeños debes tener una persona que los cuide por lo mínimo una semana. Recuerda que tú estarás de reposo hasta cuando lo indique tu médico y en los días sucesivos debes continuar los cuidados.

· Una semana previa a la cirugía.

¡Plus 2!

*Asegúrate de solicitar a tu medico la prescripción o receta médica con los medicamentos del tratamiento post operatorio para el dolor y los antibióticos. Es muy útil tener el tratamiento en casa o en el sitio donde vayas a tener tu recuperación ya comprado, no lo dejes para después, se precavida/o. Te recomiendo comprar un dispensador de píldoras y utilizar el **Cronograma para el Tratamiento Post Operatorio** que diseñé para ti con las horas de las tomas, para ayudarte y ayudar a tu acompañante a evitar confusiones el día de la cirugía y en los días siguientes de tratamiento.*

-Haz los arreglos de transporte para el día siguiente de la cirugía asistir al primer control con tu cirujano plástico. La mayoría de los cirujanos quieren ver a sus pacientes el día después de su cirugía. Arregla que alguien te lleve y traiga, es aconsejable también que alguien te acompañe al consultorio en tu primera visita post operatoria.

-Organiza y agenda las citas para los siguientes días en los que realizaras los procedimientos post operatorios indicados por el médico: sesiones de drenaje linfático, curas, ultrasonidos, etc.

¡Plus 3!

Puedes tener a mano una fomentera o cojín térmico para el alivio de las zonas contraídas por el stress del post operatorio. Existen algunas en el mercado que son artesanales rellenas con semillas y hierbas para desinflamar. Esto puede ser muy útil para relajar la musculatura, puedes utilizarla en tu cuello o espalda para relajarte cuando lo sientas necesario. Utilízala colocándola envuelta en un paño o una toalla para evitar el contacto directo con la piel, los vendajes o faja.

-Es ideal disponer de un ambiente cálido y tranquilo, para ello te recomiendo organizar tu habitación y mantenerla limpia. Puedes tener a mano algún dispositivo para escuchar música relajante o la de tu preferencia, velas aromáticas o saches, literatura, películas y revistas. Ayúdate a mantener tu mente ocupada, en armonía y tranquilidad en los primeros días luego de la intervención.

-Asegúrate de tener tu casa bien equipada con comida sana para la alimentación de los primeros días o con los alimentos de la dieta que te haya indicado tu cirujano, tus artículos de aseo personal, los detergentes que usas para hacer la limpieza y el lavado, etc. y todo lo que necesites para evitar ir de compras de durante por lo menos una semana. Te recomiendo consumir mucha piña, es un diurético y cicatrizante natural por excelencia, así como fresas y naranja.

¡Plus 4!

Al licuar los jugos puedes agregar una tirita de pimentón rojo, esto aumentará tus defensas y fortalecerá tu sistema inmunológico.

-Ten a mano infusión de manzanilla o tilo y galletitas saladas disponibles, podrías tener náuseas después de realizada la cirugía y durante toda la noche. Beber cantidades pequeñas de infusiones y comer galletitas saladas ayuda a sobrellevar ese momento.

-Puedes comprar una Mesa de Cama si no dispones de una en casa. Te será muy útil para consumir las comidas cómodamente los primeros días.

-Evita el consumo de licor como mínimo una semana antes de la cirugía, el licor baja tus defensas inmunológicas y altera los valores normales de tu cuerpo.

-Los medicamentos para el dolor pueden causar estreñimiento a algunas personas, asegúrate de conseguir un laxante suave o natural para el cuidado post quirúrgico. Menciona esto también a tu cirujano plástico. Asegúrate de beber mucha cantidad de agua, esto te ayudará a combatir el estreñimiento y mantenerte hidratada/o.

¡Plus 5!

Prepara un Botiquín de Primeros Auxilios caseros. Te doy una guía de suministros para ello, sin embargo, consúltalo con tu médico para que no hagas gastos demás.

Puedes incluir en tu botiquín:

-Gasas estériles.

-Povidona yodada u otra sustancia antiséptica.

-Jabón líquido anti-bacterial.

-Tijeras de punta redondeada.

-Papel secante.

-Solución fisiológica/Suero salino.

-Jeringuilla para extraer el suero salino de su botella sin contaminarlo.

-Adhesivo Micropore – Antialérgico.

-Guantes de latex desechables.

-Gel Antibacterial para las manos.

-Adquiere Protectores de Cama Desechables. Son muy útiles para no manchar las sabanas y el colchón, recuerda que las heridas drenan líquido corporal y sangre los primeros días, así tu cama se mantendrá seca y limpia.

-Descansa mucho, sobre todo la semana antes de la cirugía plástica, ya tu cuerpo pasará por mucho estrés y tienes que conservar toda la energía necesaria para la recuperación. Te recomiendo unos días antes regalarte un masaje anti-stress o si tienes pareja pídele un buen masaje la noche antes.

-Recomiendo tener un sedante natural e infusiones a base de Valeriana, Tilo, Manzanilla o alguna hierva relajante para las noches previas y posteriores a la cirugía, necesitas estar alerta pero relajada/o y descansada/o. Te ayudara a dormir mejor y a organizar todo con tranquilidad y equilibrio emocional, así como, a afrontar los cambios y momentos de estrés que puedas experimentar. De igual forma, consúltalo previamente con tu cirujano.

-Asegúrate de tener una o dos almohadas adicionales, esto te ayudara con las posturas para dormir luego de la cirugía ya que no se debe dormir con el cuerpo totalmente acostado. En el caso de procedimientos en los glúteos es útil tener a la mano un cojín redondo y hueco en el centro, indicado para personas con problemas de hemorroides.

-Si te depilas, trata de hacerlo preferiblemente una semana antes de la cirugía, no menos de tres días antes de la cirugía.

¡Plus 6!

Debes saber que probablemente no podrás ducharte entre 48 a 72 horas luego de la cirugía. Ten a mano toallitas húmedas (Wet Wipes) para refrescarte o mantener tus manos limpias sin tener que ir al baño, las hay también para la limpieza de las zonas íntimas, así te sentirás más cómoda/o y fresca/o.

-Si vas a la playa o te vas a exponer al sol, trata en lo posible de hacerlo sin excesos para no insolarte, protege bien tu piel con productos que contengan altos filtros de protección UVA y UVB para así evitar que tu piel se esté escamando el día de la cirugía.

· **El día antes de la cirugía.**

-Chequea que no te falte nada de lo sugerido en todas las recomendaciones anteriores, apóyate con tus ***Listas de Chequeo***.

-Organiza tu mesa de noche o el sitio que destines más cómodo para tener toda la medicación y cronograma para las tomas del tratamiento post operatorio.

-Coloca lencería limpia a tu cama y almohadas. Ten toallas de baño limpias a la mano.

¡Plus 7!

Para ayudarte a levantarte de la cama:

destina una toalla o paño de tamaño mediano para colocar en la cama bajo tu cuerpo mientras estés acostada/o, que abarque tu espalda desde los hombros hasta la cintura. Esta técnica es muy útil para la persona que te va ayudar a levantarte de la cama durante la recuperación, ya que solo debe tomar y halar hacia adelante tu cuerpo por los extremos laterales de la toalla, lentamente. La toalla hace el soporte de tu peso desde tu espalda y dorso para así incorporarte fácilmente. Recuerda que vas a estar muy adolorida/o y no debes hacer fuerza para levantarte. (Ensayalo antes de la cirugía con alguien o con la persona que te va a cuidar, es muy fácil y créeme que lo vas a atesorar).

-Organiza un bolso de mano con tus cosas personales que llevaras al Centro Médico, como tus documentos personales, dinero en efectivo o tarjetas de débito y crédito, faja, brassier, banda post operatoria, etc. Asegúrate de quitarte todas tus joyas, no las vas a necesitar, es mejor dejarlas en casa para evitar extraviarlas. Mientras menos cosas necesites llevar mejor, lleva lo esencial.

-Deja lista la ropa que llevaras puesta. Prepara ropa suelta, elástica, suave y fácil de colocar y quitar, preferiblemente un mono o pantalón ancho, blusa o chaqueta de botones o cierre con la abertura hacia el frente. No es recomendable prendas en las que debas subir los brazos para colocarlas, ni de mangas largas. Esto es muy importante. Estarás muy adolorida/o, evita llevar prendas ajustadas, éstas serán casi imposibles de ponértelas una vez que estés lista/o para ir a casa.

-Te recomiendo tener en el vehículo en el que vayas de regreso a casa, 2 almohadas y una manta para hacer el trayecto más cómodo y cálido.

-Recuerda comer sano y ligero este día y no ingerir ningún tipo de alimento después de las 6:00 P.M., debes ir en ayuno a tu cirugía. Si sientes mucha fatiga, ingiere infusiones, té natural o mucha agua.

-Date una ducha con agua tibia antes de dormir, rasura tus zonas intimas y axilas si no lo has hecho, es más recomendable que lo hagas uno o dos días antes. Si tu cirugía es un aumento de senos a través de la axila, asegúrate de tener sumo cuidado para evitar cortes aunque sean pequeños, ya que éstos podrían ser una herida abierta para que se filtren las bacterias a través de ellos.

-Coloca al reloj despertador la alarma para que te levantes a buena hora y llegues puntual a la hora prevista para la cirugía. Sin estrés!

-Acuéstate y duerme temprano, es importante que tengas un buen descanso la noche antes de la cirugía.

· **El día de la cirugía.**

-Sigue las instrucciones de tu cirujano plástico para el momento previo a la cirugía plástica.

-Asegúrate de ducharte y lavarte todo el cuerpo con jabón anti-bacterial, no te coloques ningún tipo de crema o loción hidratante corporal. Tu piel debe estar totalmente limpia y libre de cualquier sustancia.

-No te coloques ningún tipo de maquillaje.

-Recoge todo el cabello en una coleta o moño para evitar que se enrosque con algo o se desordene después de la cirugía estética (en el caso de que vomites y/o para mayor comodidad al colocarte y retirarte el gorro quirúrgico).

-Es primordial que estés con tu acompañante o chofer, recuerda que no debes conducir hacia el lugar donde te harán la cirugía, ni de regreso a casa. A demás necesitaras de alguien que te asista durante todo el proceso.

Luego de que el procedimiento ha culminado, pasamos a la etapa más importante que es tu recuperación y sus cuidados. Considero que ésta es la etapa "Clave" para no poner en riesgo los resultados, tu salud y tu imagen. A continuación te doy una visión general acerca de la recuperación, también detallo puntos muy importantes y recomendaciones que debes saber y tomar en cuenta en tu camino para una recuperación satisfactoria.

<u>Visión General de la Recuperación tras la Cirugía</u>

· Primera etapa de la Sala de Recuperación.

Para aquellas/os pacientes con anestesia más profunda y sedantes, la recuperación inmediata de la cirugía plástica estará dividida en dos etapas. En la primer etapa, aún estarás "fuera de todo", incapaz de mantener un conversación e incapaz de sentarte y tomar líquidos.

Dependiendo de la cirugía, podrías estar muy dormida/o, con dolor y sedienta/o. El temblor es común ya sea por estar desnuda/o en la sala de operaciones durante la cirugía, o como una reacción a la anestesia.

Tu garganta podría doler (si te realizaron intubación orotraqueal) y tu boca podría estar muy seca.

En la primer etapa de recuperación, te podrían dar calmantes o a través de vía endovenosa. Te pueden ofrecer también pedacitos de hielo para la sed (tomar líquidos no está permitido debido a los riesgos de ahogarse), y mantas abrigadas para el frío o los temblores.

Usualmente, en esta etapa, no se permiten visitas todavía.

· Segunda etapa de la Sala de Recuperación

Una vez que los sedantes están desapareciendo, estarás más y más consciente.

Te permitirán tomar jugo o agua y probablemente ver a tu acompañante.

A medida que tu condición mejora y eres capaz de sentarte y tomar líquidos, la enfermera te ayudará a vestirte.

Algunos doctores o enfermeras quieren asegurarse de que puedes orinar antes de abandonar las instalaciones, especialmente si has tenido una sonda vesical colocada durante la cirugía. (Esto por supuesto no se aplica si te vas a tu casa con la sonda puesta, una práctica común después de una abdominoplastia).

· Tratamientos Post operatorios.

Toda intervención quirúrgica supone una agresión en mayor o menor grado al organismo que rompe la homeostasis interna y necesita de un tiempo de recuperación. Este tiempo puede ir desde unos pocos días en pequeñas intervenciones hasta varias semanas en intervenciones mayores.

Cada día más cirujanos plásticos incorporan fisioterapeutas, esteticistas o masajistas a su plantilla de servicios o remiten a sus pacientes a centros especializados. La experiencia demuestra que los tratamientos pre y post operatorios cuando son realizados por personal competente, aceleran la recuperación, disminuyen las molestias y en algunos casos mejoran los resultados de la intervención. En ningún caso la persona que realiza los tratamientos sustituye al cirujano plástico en la labor de seguimiento de los pacientes, ni tampoco al personal de enfermería en las curas post operatorias.

El cirujano que realizó la intervención debe conocer la naturaleza de los tratamientos y dar su autorización para recibirlos.

· Nutrición después de la cirugía.

Si estás hospitalizado/a debes seguir la recomendaciones dadas por el equipo médico. En líneas generales después de una intervención quirúrgica la alimentación debe contener principalmente, carbohidratos de fácil asimilación (arroz, pasta) y proteínas (carne, pescado, huevos). Los carbohidratos proporcionan la energía necesaria para la reparación y las proteínas la materia prima. Debes tomar abundante fruta y verdura.

Es importante la ingesta de líquidos, agua, jugos (no azucarados) e infusiones. Si la orina tras la intervención es densa y amarilla debemos aumentar la ingesta de líquidos hasta que la orina sea clara.

Tras la cirugía el cirujano indica tomar antibióticos para prevenir infecciones. Los antibióticos destruyen la flora intestinal. Tomar yogur, en especial los enriquecidos con Lactobacillus o bifidobacterias pueden ayudar a regenerar la flora bacteriana intestinal dañada por los antibióticos, además de estimular el sistema inmunológico.

· Recomendaciones nutricionales según el tipo de intervención.

Tras la **abdominoplastia** hay que evitar comidas que provoquen gases, ya que la distensión del abdomen producida puede causar molestias. Las infusiones de hinojo o manzanilla con anís pueden aliviar los gases. Es conveniente realizar varias comidas ligeras al día. Es frecuente, que los pacientes intervenidos de abdominoplastia con el corte del recto abdominal realizada, se sacien antes comiendo, debido a la presión que realiza el corte sobre el estómago.

Después de la **liposucción o lipoescultura** se aconseja realizar comidas pobres en grasas con el fin de evitar que los adipositos (células que almacenan la grasa) que quedan tras la intervención se hipertrofien (se agranden). Recordemos que en los adultos las células grasas no se reproducen pero si pueden hipertrofiarse. Una dieta adecuada acompañada de ejercicio físico mejora los resultados de la intervención.

Tras el **lifting facial** u otras cirugías faciales, los primeros días puede costar masticar o abrir la boca; es recomendable comer alimentos blandos como la pasta, sopas o purés.

Para el resto de las intervenciones es recomendable una dieta sana y balanceada, baja en grasas y sal.

· Relaciones sexuales tras la cirugía.

El tiempo de reanudación de la actividad sexual tras la cirugía depende del tipo de intervención, de la recuperación y del tipo de relación sexual que se quiera tener.

Aunque parezca obvio debo aclarar que no es lo mismo mantener relaciones sexuales que tocar o presionar las zonas operadas durante las relaciones sexuales.

En ocasiones debido a la ansiedad que provoca la operación, el ciclo menstrual se modifica adelantándose o retrasándose. Esto debe ser tenido en cuenta por las mujeres que no utilizan medios anticonceptivos.

¡Plus 8!

Debes tener precaución si tomas anticonceptivos y vomitas tras la anestesia, ya que puede haber quedado anulado el efecto anticonceptivo. La mayoría de los cirujanos suspenden la ingesta de anticonceptivos orales un mes antes de la cirugía, muchas mujeres han quedado embarazadas en la etapa post-operatoria, ten a mano preservativos para protegerte en tus relaciones sexuales.

En las cirugías faciales (lifting, rinoplastia, bichectomía, etc.), algunos cirujanos contraindican las relaciones sexuales en el post operatorio inmediato. Las relaciones sexuales pueden aumentar la tensión sanguínea y este aumento causar sangrado o un pequeño hematoma. A partir de los 5 ó 6 días pueden empezar a mantenerse.

Para las cirugías corporales, son el sentido común y las ganas o el interés por el sexo, lo que debe guiar a las pacientes.

Toma en cuenta algunos consejos para los tipos de cirugías más comunes:

Tras la cirugía mamaria: No deben tocarse las mamas con brusquedad mientras estas sigan edematizadas (hinchadas) y dolorosas al tacto. Hay que tener sobre todo precaución en los primeros días. Las caricias sobre el pecho ayudan a la mujer a normalizar la sensibilidad y a la pareja a "perder el miedo". Tocar bruscamente puede provocar dolor y aumento de la inflamación. Recomendamos que hasta que se retiren los puntos o se corte la sutura externa de los puntos reabsorbibles, no se toquen los pechos.

A partir de los 20 días se puede comenzar con caricias suaves, a partir de las 4 semanas, se puede tocar con más fuerza conforme disminuyan las molestias. En las primeras semanas puede existir una hipersensibilidad molesta en los pezones que poco a poco va desapareciendo y que puede condicionar las relaciones sexuales. Pasadas 6 ó 7 semanas se pueden tocar los pechos con normalidad mientras no resulte molesto.

Tras una abdominoplastia: Durante las primeras semanas, pueden resultar dolorosas determinadas posturales sexuales. No conviene que la pareja se coloque encima de la persona operada presionando el tejido recién intervenido durante por lo menos un mes y medio.

Tras la liposucción: Hay que evitar la presión sobre las zonas recién operadas durante las primeras semanas. Por ejemplo puede resultar molesta la presión sobre la parte interna de los muslos si en ellos se ha hecho liposucción.

Tras cirugías faciales: Durante los primeros días puede resultar molesto abrir la boca debido a la inflamación y a las suturas internas o externas. Debe evitarse el contacto sexual durante la primera semana.

Tras la rinoplastia: Se debe evitar la presión sobre la nariz durante el primer mes, por lo que habrá que tener cuidado con los besos y abrazos.

· Curas y Botiquín de Primeros Auxilios Casero.

Las curas en el período postoperatorio son responsabilidad del equipo médico y de enfermería. Ellos son los encargados de realizar: las primeras curas, la protección de las heridas, la retirada de puntos (si los hubiera), la colocación de apósitos y cualquier otra medida necesaria.

En los días siguientes, tú o preferiblemente la persona que te asista deberá encargarse de realizar el lavado de las heridas, y si fuera necesaria, la aplicación de apósitos para cubrir las cicatrices.

MUY IMPORTANTE: Estas recomendaciones son orientadoras. En caso de duda, consulta con tu cirujano o su personal de enfermería. Si estas recomendaciones contradicen las dadas por tu cirujano plástico o miembros de su equipo, debes seguir siempre las recomendaciones dadas por ellos.

· Recomendaciones para las curas.

Antes de lavar o cubrir las heridas debes lavarte las manos con un producto antiséptico o con agua y jabón. Hay que tener preparado el material a utilizar dispuesto sobre una superficie de fácil acceso.

¿Cómo lavar las heridas?

Las heridas se deben lavar con suero salino, soluciones antisépticas o agua potable. Si se utiliza el suero salino, el suero se extraerá de la botella con la ayuda de una jeringuilla para no contaminar el contenido. Tu cirujano o su equipo de enfermería te recomendarán lo más adecuado.

Es necesario secar la herida, se hace con una gasa dando pequeños y suaves toques, nunca con algodón ya que podrían quedar hilos sobre la herida.

¿Cómo desinfectar las heridas?

Una vez lavada y secada la herida se aplica la povidona yodada o el antiséptico que haya recomendado el equipo médico. Para ello desde una distancia de unos 10 cm. se vierte el contenido directamente o se aplica con una gasa empapada de antiséptico. No se debe utilizar algodón, ya que se pueden quedar hilos de algodón sobre la herida

¿Cómo cubrir las cicatrices y heridas?

Las cicatrices deben cubrirse en los primeros días para evitar la suciedad. Se pueden utilizar gasas estériles o apósitos de papel.

La colocación de los apósitos depende del tipo de intervención y cicatriz. En líneas generales los apósitos deben colocarse de forma paralela a la cicatriz. Cuando existe edema alrededor de la cicatriz (cicatriz periareolar), los apósitos deben colocarse de forma que reduzcan el edema.

Los apósitos no deben colocarse sobre las cicatrices si estás supuran o están abiertas, (salvo que lo aconseje el médico), en estos casos se deben tapar con una gasa impregnada de un producto antiséptico y esperar a ser atendido por el personal de enfermería. Las posibles heridas post-quirúrgicas: ampollas, necrosis, etc. deben cubrirse con una gasa y esperar a que el equipo médico o de enfermería realice las curas oportunas.

· Depresión Post operatoria.

En ocasiones tras la cirugía estética algunas personas sufren pequeños cuadros depresivos que duran unos pocos días, aunque pueden prolongarse varias semanas.

Uno de los responsables de este estado de ánimo es la alteración del esquema y la imagen corporal, después de una cirugía. La cirugía estética puede cambiar nuestra imagen corporal dramáticamente. Este cambio producido necesita de un periodo de adaptación. La primera visión que se tiene de las zonas operadas no ayuda en este proceso ya que el tejido se puede encontrar con moratones, edema e inflamado; mostrando un aspecto que en nada tiene que ver con el resultado final. La visión del tejido recién operado en el postoperatorio inmediato provoca en algunas ocasiones que aparezcan sentimientos de tristeza o depresión que van desapareciendo a medida que mejora la apariencia del tejido.

Además, debido a la ansiedad y el estrés pre-operatorio se pueden producir determinados cambios biológicos con una gran producción hormonal (cortisol) que generan una especie de síndrome de abstinencia cuando todo vuelve a la normalidad y disminuye la producción hormonal.

En mujeres con hijos pequeños además de los cuadros depresivos a menudo aparecen sentimientos de culpa y remordimiento totalmente exagerados pensando que algo podía haber salido mal y los niños podían haber sufrido "el egoísmo de la madre".

Si además de la alteración estética inicial, hay una incapacidad aunque sea leve para las actividades cotidianas o cambios importantes en la sensibilidad del tejido, estos sentimientos depresivos también pueden aparecer. La mayoría de las personas no sufren estos cuadros depresivos y su estado de ánimo apenas es influido por la cirugía.

Aunque no son frecuentes para evitar o disminuir estos cuadros depresivos es aconsejable:

-Rodearse de amistades o familiares que entiendan las razones por las que nos hemos operado y nos hayan dado su apoyo y comprensión.

-Evitar personas contrarias a la intervención y que continuamente nos digan: "no tenías que haberte operado".

-Buscar apoyo en el equipo médico que realizó la intervención, ellos están acostumbrados a este tipo de situaciones y sabrán aconsejarte.

-Aceptar los cambios del estado ánimo, pensando en que son temporales. Es importante aceptar como parte de la recuperación que podemos estar "bajos de moral" durante unos días.

-Leer libros y artículos de autoayuda, que te permitan fortalecer tu autoestima y autoconfianza.

-La oración y el contacto con Dios siempre es importante para fortalecer tu espíritu. Dependiendo de tus creencias apóyate con lecturas y prácticas de tu preferencia.

Ten paciencia! Por más rápida y eficiente que haya sido la operación, deberás estar preparada/o para encarar el edema y los hematomas postquirúrgicos así como cualquier incomodidad física. En dos o tres semanas generalmente los edemas y hematomas disminuyen francamente.

<u>Caminando el Post operatorio.</u>

Ya en casa, eres responsable de cuidar los resultados, la siguiente información te ayudará a apoyar un proceso de recuperación asertivo, sano y equilibrado. Pon en práctica tu Lista de Chequeo del Post operatorio y el Cronograma de Tratamiento, lo ideal es tenerlos a mano, tanto para ti como para la persona encargada de asistirte.

Recuerda que cuidarte te garantizará resultados satisfactorios.

· La primera semana.

-Sigue la formula médica dada por tu especialista y evita cualquier otro medicamento sin consultar primero con tu cirujano.

-En caso de algún malestar o cambio en el curso normal del proceso de recuperación, comunícate directamente con el cirujano o su equipo.

-Pide ayuda para levantarte y acostarte de la cama, evita hacerlo sola/o. Usa el ¡Plus 7! que te recomendé con la toalla o paño como soporte del peso.

-Camina con ayuda desde los primeros días y evita los períodos prolongados de quietud.

-El primer día especialmente, ingiere dieta líquida o blanda y luego, puedes continuar con una dieta balanceada con abundantes líquidos.

¡Plus 9!

*Los *pitillos son muy cómodos y útiles para ingerir los líquidos sin esfuerzos.*

**Cilindro plástico desechable para beber líquidos (sorbete, popote, pajita, pajilla, bombilla, carrizo, caña, calimete, drinking straw).*

-Es importantísimo evitar las exposiciones al sol y al calor, no debes cocinar por lo mínimo en tres semanas, así como planchar ropa o exponerte al calor del secador de cabello. Luego de la primera semana si deseas ir al Salón de Belleza coloca una toalla, de ser posible un poco húmeda, sobre tu cuerpo del cuello hacia abajo así evitaras que el calor llegue a las zonas afectadas.

Utiliza siempre los soportes especiales (fajas o soportes elásticos post operatorios) según las recomendaciones del médico.

-Asiste cumplidamente a los controles y sesiones de tratamientos post operatorios.

-Evita movimientos bruscos y ejercicios fuertes durante los primeros días pues esto puede afectar la recuperación en algunas áreas del cuerpo que han sido intervenidas.

-Cuando tu medico te indique que puedes ducharte, hazlo con agua tibia y lava tu cuerpo con jabón anti-bacterial, sécate muy bien, suavemente sin estrujar tu piel e inmediatamente realiza las curas de las heridas bajo las recomendaciones de tu médico. No te coloques ningún tipo de hidratante o loción corporal en las zonas afectadas.

Es normal que se presenten los siguientes síntomas:

-Sentir dolor, molestias, presión y ardor. Todo esto deberá aliviarse con el tratamiento y al transcurrir los días, si no fuese así o en caso de aumentar su intensidad, comunícaselo a tu médico.

-Leve ascenso de la temperatura (hasta 38.3°c) en las primeras 48 horas, en el caso de presentar una temperatura más elevada y persistente, comunícaselo inmediatamente a tu médico.

-Si te colocaron tubos de drenaje estos se llenaran de sangre o de suero.

-Pequeño sangrado y/o secreción sero-sanguinolenta en la cicatriz en las primeras 48 horas.

-La presencia de edema y moretones. Esto disminuye progresivamente, consume diuréticos naturales como la piña y toma muchos líquidos. Evita las comidas muy saladas.

¡Plus 10! *(a criterio del médico)*

El Árnica es una planta medicinal que constituye uno de los remedios de herbolario más habituales para aliviar dolores de tipo inflamatorio. El Árnica en presentación de globulitos ayuda a reducir los moretones y aliviar el dolor localizado. Coloca 7 globulitos debajo de la lengua 3 veces al día. También puedes usar el Árnica en Gel o Pomada en la piel con hematomas, nunca sobre las heridas o cicatrices. Estos puedes adquirirlos en tiendas naturistas o en cadenas de farmacias.

Debes saber que:

-El tratamiento debes cumplirlo por el tiempo y en las dosis recomendadas, en caso de que te siente mal, ponte en contacto con tu médico para cambiarlo.

-Los drenajes son retirados entre las 24 y 72 horas después de la intervención, dependiendo del grado de sangrado.

-Todas las suturas se retiran alrededor del séptimo día, dependiendo del tipo de intervención.

Es importante:

-Evitar mojar las zonas afectadas fuera de la ducha diaria.

-Dormir o descansar semi-sentada/o con la cabeza ligeramente elevada, evitando posiciones laterales.

-No debes agacharte ni cargar objetos pesados (incluye cargar o levantar niños).

· **Las semanas consecutivas.**

Para mantener el resultado a largo plazo se debe adoptar un estilo de vida saludable con la utilización de protector solar, ejercicio, dieta balanceada y hábitos sanos lo cual se reflejara en una mejor imagen, en bienestar y belleza.

-No podrás conducir vehículos durante dos o tres semanas, dependiendo de la intervención.

-No debes hacer movimientos bruscos, ni cargar peso durante un mes.

-La ejercitación y actividades deportivas deben iniciarse entre el segundo y tercer mes. Consúltalo con tu médico.

-No debes fumar ni consumir licor durante un mes.

-Evita la exposición al sol y al calor durante seis semanas.

-Una vez cumplido el tiempo recomendado, coloca siempre un buen protector solar en las cicatrices antes de tomar sol.

Procedimientos Estéticos más comunes y su periodo Post operatorio

En esta sección encontraras cada tipo de cirugía entre las más comunes de manera de orientarte más a fondo pero de forma sencilla según el procedimiento que elijas para ti.

· Cirugía de Mamas.

·Mamoplastia de Aumento.

La mamoplastia de aumento es una intervención por la cual se aumenta el tamaño del seno, introduciendo implantes en la mama.

La incisión quirúrgica, es decir el lugar por donde se introducen los implantes o prótesis mamarias puede ser: el borde inferior de la areola, la axila o el surco submamario. Las cicatrices resultantes son apenas perceptibles en la mayoría de los casos. El implante puede estar colocado debajo del pectoral mayor (posición submuscular), debajo de la fascia del pectoral (posición subfascial) o entre la glándula y la fascia (posición sublandular).

Para alojar el implante el cirujano debe crear un espacio que se denomina bolsillo. Para ello puede ser necesario liberar algunas fibras musculares o la fascia que las recubre.

El implante mamario puede estar relleno de gel de silicona o suero salino. Atendiendo a su forma los implantes (o prótesis mamarias) se clasifican en redondos o anatómicos.

Los implantes se pueden diferenciar según su superficie en: lisos (su superficie de contacto es lisa, sin irregularidades) y rugosos o texturizados (su superficie de contacto es irregular).

La intervención se realiza con anestesia general o con anestesia local más sedación.

· **Periodo Post operatorio.**

En los días posteriores a la intervención se pueden sentir molestias o dolor similar a las pinchazos. El seno tiene edema lo que determina que el volumen final sea inferior al que muestra los primeros días. Además del pecho puede estar edematizado el resto del tórax, especialmente la zona de las costillas y esternón.

Los implantes en posición subpectoral suelen causar un periodo postoperatorio más molesto y lento que los implantes en posición subglandular o subfascial.

Puede haber una pérdida de sensibilidad en la mama ante estímulos táctiles o térmicos y una disminución de la sensibilidad erógena en el pezón que poco a poco se va recobrando. En raras ocasiones esta pérdida de sensibilidad puede ser permanente. Algunas mujeres tras la operación obtienen una mayor sensibilidad erógena en sus senos, posiblemente a consecuencia de una mejora de la autoestima y de la percepción de su imagen corporal. También es habitual sentir una hipersensibilidad molesta en la areola-pezón ante cualquier estímulo, poco a poco se recupera la sensibilidad normal. Las zonas donde se ha realizado la incisión pueden tener falta de sensibilidad durante algunas semanas.

La presencia del implante crea una alteración en el esquema y en la imagen corporal que necesita un pequeño periodo de adaptación. Es normal al principio verse diferente en el espejo y tener sensación de cuerpo extraño. Después de unas semanas se sienten los implantes como propios.

Algunos cirujanos realizan un vendaje compresivo que se retira pasados unos días. Casi todos recomiendan la utilización de sujetadores especiales día y noche, y evitar los sujetadores con aros durante dos meses. La evolución del pecho puede condicionar el tipo de sujetador a utilizar.

En ocasiones se utiliza una banda de compresión para ayudar a descender un pecho que ha quedado un poco alto. Esta banda solo debe utilizarse si lo prescribe el cirujano plástico y no porque otra mujer la haya utilizado.

Las mujeres que han lactado describen en el postoperatorio inmediato como una sensación similar a la subida de leche, poco a poco va desapareciendo.

Es necesario dormir boca arriba y semi sentada las primeras semanas tras la cirugía. Este hecho sumado a la tensión postoperatoria, y al "miedo a que pase algo"; hace que se adapte una "mala postura" y que frecuentemente aparezca dolor de espalda y cuello.

Durante los primeros días es recomendable no levantar objetos pesados ni hacer deporte o actividades violentas, tu cirujano dependiendo del tipo de intervención y evolución te aconsejará lo más conveniente.

· La Mastopexia

La mastopexia es la operación en la cual se elevan las mamas que están caídas. Para ello debe extirparse la piel sobrante del pecho. Se puede complementar con un refuerzo interno utilizando tejido glandular, muscular o la fascia que envuelve el músculo. Si es necesario se emplean implantes de mama para dar más volumen.

Las cicatrices resultantes dependen del tipo de intervención realizada, pueden ser peri-areolares con prolongación vertical o peri-areolares con T invertida.

• Período post operatorio

En los días posteriores a la intervención, puede experimentar molestias o dolor similar a pinchazos. El seno tiene edema que determina que el volumen final es más pequeño que el que se muestra en los primeros días. Además del pecho, el resto del torax puede estar hinchado, especialmente las costillas y el área del esternón. Los moretones pueden tardar entre 15 y 30 días en reabsorberse.

Los senos no tienen una recuperación simétrica, siempre serán más molestos o más hermosos, con el tiempo coincidirán.

Algunos procedimientos quirúrgicos pueden hacer que el seno aparezca de forma irregular y artificial en el postoperatorio inmediato. A medida que se reabsorbe el edema y se reajusta la glándula, la apariencia mejora.

La cicatriz puede parecer irregular durante las primeras semanas, especialmente la cicatriz que rodea la areola. Esto significa que la areola puede tener una forma irregular y, con el tiempo, adoptará su forma circular típica.

La areola es común para mostrar edema durante las primeras semanas. La cicatriz circundante obstaculiza temporalmente su drenaje linfático.

Después de 10 días, se eliminarán los puntos externos (si los hay). Si la sutura es interna, no se quitarán puntos.

Como resultado de los procesos de curación interna, pueden aparecer zonas de fibrosis en áreas donde se ha eliminado tejido que se reabsorbe gradualmente.

Las mujeres fumadoras pueden sufrir problemas de cicatrización, por lo que es muy importante dejar de fumar en las semanas previas y posteriores a la intervención.

La aparición de dolor y tensión muscular en la espalda y el cuello es frecuente como resultado de la tensión y ansiedad pre y postoperatorias, cambios posturales durante el sueño y como consecuencia de la postura "defensiva" que una mujer adopta por temor a lastimarla los senos.

Los cambios de sensibilidad en las áreas operadas son normales, generalmente hay una pérdida temporal en áreas cercanas a la cicatriz. Con el tiempo, la sensibilidad se normaliza

Solo puede bañarse cuando el cirujano lo autorice, en los primeros días las duchas serán cortas y lo ideal es no tomar duchas largas para no suavizar las cicatrices.

Durante los primeros días, es aconsejable no llevar pesos, practicar deportes o actividades violentas. Su cirujano, dependiendo del tipo de intervención y curso, le aconsejará lo más conveniente.

· **Mamoplastia de Reducción.**

La mamoplastia de reducción es la intervención por la cual se remodela y reduce el tamaño de las mamas. Además de buscarse una mejoría estética en la figura y proporciones corporales, se persigue acabar con el perjuicio físico o psicológico que puede conllevar un pecho demasiado grande. La areola también suele reducir para lograr un resultado más armónico.

Existen múltiples técnicas quirúrgicas para realizar una reducción mamaria y dependen sobre todo de la cantidad de tejido que haya que eliminar, de la ptosis (caída) de la mama, y de la forma y proporciones del tórax y el cuerpo de la mujer. La técnica utilizada determina la posición y tamaño de la cicatriz. Esta puede ser: peri-areolar con prolongación vertical, peri-areolar con T invertida o peri-areolar con L.

· **Periodo Post-operatorio.**

El acto quirúrgico provoca una lesión en los tejidos que causa la aparición de un edema. Puede presentarse algo de equimosis (moratones) alrededor de la areola, en la mama o en los costados que será reabsorbido en los días siguientes.

Tras la intervención puede vendarse el seno o colocar un sujetador para controlar la hinchazón del pecho y mantenerlo sujeto. El sujetador debe utilizarse día y noche durante un tiempo que oscila entre uno y dos meses.

Pasados 10 días se quitarán los puntos externos (si los hubiese). Si la sutura es interna no se retiran puntos.

La forma del seno va cambiando, hay que esperar varios meses para apreciar el resultado final. La recuperación de las dos mamas no suele ser simétrica, siempre un pecho se sentirá un poco más duro o más hinchado y uno recuperará antes que el otro.

Es habitual la pérdida temporal de sensibilidad en la areola y el pezón y en las zonas de la mama próximas a la cicatriz, esta sensibilidad se va recobrando en el transcurso de las semanas siguientes. Con algunos procedimientos quirúrgicos en mamas que necesiten una gran reducción puede existir una pérdida de la sensibilidad permanente. Algunas mujeres en cambio experimentan un aumento temporal de la sensibilidad que poco a poco se normaliza.

A partir de la segunda semana puede aparecer fibrosis (notarás durezas al tacto debajo de la piel), normalmente próxima a la cicatriz. Esta fibrosis desaparece trascurridos unos meses.

La piel ha de cuidarse con cremas hidratantes y proteger las cicatrices del sol durante los primeros meses.

La mamoplastia de reducción puede reducir la capacidad de lactancia o incluso anularla.

· Reconstrucción de Mamas.

La reconstrucción de mama postmastectomia en un conjunto de procedimientos quirúrgicos y estéticos que reconstruyen una mama total o parcialmente extirpada a consecuencia del tratamiento terapéutico o preventivo del cáncer de mama.

La intervención tiene como objetivo devolver la feminidad de la mujer, potenciando su autoestima y recobrando su esquema corporal.

La reconstrucción mamaria se puede comenzar a realizar en el mismo acto quirúrgico de la mastectomía (reconstrucción inmediata) o posteriormente, semanas, meses o años después (reconstrucción diferida).

Existen diferentes procedimientos que incluyen la utilización de implantes y/o tejido de la propia paciente para la reconstrucción del seno.

· Periodo Post-operatorio.

El tipo de intervención condiciona el periodo de recuperación, la estancia hospitalaria y la presencia de drenajes. La cirugía con tejido de la propia paciente exige más tiempo de recuperación.

La aparición de edema es habitual debido al trauma quirúrgico, la posible extirpación de ganglios linfáticos puede aumentar el edema en la zona intervenida y desencadenar a corto o largo plazo un linfedema.

Si se han recibido sesiones de radioterapia, puede ser recomendable un tratamiento previo a la cirugía de preparación de la piel debido a que tras la radioterapia la piel se puede mostrar más fina, inelástica y con adherencias. Estos tratamientos pre-cirugía ayudan a preparar el tejido para la cirugía.

La mastectomía, la cirugía axilar o la cirugía con tejido autólogo pueden causar limitaciones funcionales que necesiten de tratamiento fisioterapéutico adicional.

Los tiempos de recuperación varían dependiendo de las características de la cirugía reconstructiva.

Es importante la reincorporación paulatina a las actividades cotidianas siguiendo las recomendaciones del equipo médico.

· El Linfedema Post Mastectomía.

El edema es una acumulación de líquido en el medio intersticial. Coloquialmente se refiere a él como hinchazón. Cuando la causa es un mal funcionamiento del sistema linfático se denomina linfedema.

El linfedema post mastectomía está causado por la interrupción o ralentización del flujo linfático del brazo a consecuencia de la radioterapia o linfadectomia (extirpación de los ganglios axilares).

El linfedema puede aparecer inmediatamente, tras la cirugía axilar o radioterapia, puede aparecer meses o años después, o no aparecer nunca. A veces existe una causa desencadenante: un pinchazo en el brazo, una pequeña infección, etc.

Cuando se presenta originalmente las manos suelen ser la zona afectada que detecta el linfedema, ya que los dedos o el dorso de la mano se hinchan ligera o sustancialmente.

Cuando se presenta en el brazo, debajo de la axila, sobre el codo o en el antebrazo puede pasar inicialmente inadvertido para la paciente.

Una forma fácil de autodiagnóstico es doblar los codos y ponerlos frente al espejo observando que ambos tengan el mismo volumen y contornos.

Es importante el diagnóstico médico por si existen otras enfermedades o complicaciones asociadas (enfermedades de retorno de venoso, infecciones, etc.)

· Tratamiento para el Linfedema.

Afortunadamente la mayoría de los linfedemas tienen tratamiento manual. Cuanto antes se empiece el tratamiento mayor es la posibilidad de éxito. Con un adecuado tratamiento el miembro afectado puede tener un volumen similar al no afectado.

Los pequeños linfedemas son más fáciles de tratar. En ocasiones la propia paciente con auto-drenaje linfático puede mantenerlo controlado.

El protocolo de tratamiento consiste en: drenaje linfático manual, cinesiterapia (ejercicios de rehabilitación), vendajes de contención, kinesiotape y cuidado de la piel.

El drenaje linfático (DLM) es una técnica manual que logra reabsorber el edema y permite redirigir el líquido acumulado a zonas libres de edema.

Los ejercicios de rehabilitación permiten mantener el tono muscular en el brazo afectado y la movilidad de la articulación.

Los vendajes de contención son un complemento al DLM y permiten controlar y reducir el edema.

La piel debe cuidarse ya que cualquier herida puede provocar una infección que tardará más tiempo en sanar, pudiéndose agravar el linfedema.

·Precauciones para evitar que aparezca.

En las siguientes líneas se describen las precauciones que debe tener cualquier mujer con un linfedema post mastectomía o con riesgo de desarrollarlo.

Al hacerse la manicura: Hay que tener extrema precaución al realizarla. Cualquier herida por mínima que sea tarda más tiempo en curar y la posibilidad de infección es alta. Una vez que se produce la infección, existe el riesgo de producirse un linfedema o aumentar el mismo.

***Si se realiza la manicura en el brazo afectado. Se deben seguir escrupulosamente las siguientes recomendaciones:**

-No deben producirse heridas.

-El material se esterilizara antes de cada sesión.

-Evitar empujar y cortar las cutículas. Se puede producir una infección micótica (por hongos).

-No utilizar uñas artificiales (porcelana, gel, etc.) Pueden ser una fuente de infección micótica.

Al depilarse: Las mujeres afectadas de linfedema no se deben depilar a la cera en la axila del brazo afectado, la razón es que tras la depilación se puede producir una foliculitis (infección de los poros de la piel). En una mujer sana la foliculitis no tiene mayores consecuencias y desaparece en pocos días, pero puede ser perjudicial cuando existe riego de desarrollar el linfedema.

-No es conveniente rasurarse con cuchilla por el peligro de infección o de producir pequeños cortes en la piel que edematicen el tejido.

-Tampoco es recomendable la depilación eléctrica por que el pinchazo de la aguja puede provocar un microedema y sobrecargar el miembro afectado. La depilación ideal para estas mujeres es con rasuradora eléctrica, láser o luz pulsada.

Al darse masajes: No se debe dar masaje vigoroso sobre el brazo afectado de linfedema. Estas maniobras pueden edematizar el tejido y lesionar vasos linfáticos. El drenaje linfático manual siempre está indicado cuando está hecho por un especialista.

Además de las actividades anteriormente descritas debe:

-Evitar traumatismos, prevenir picaduras de insectos y quemaduras.

-No tomar la tensión ni realizar extracciones de sangre, tampoco deben ponerse inyecciones ni agujas de acupuntura.

-Evitar el sobrepeso. Las personas obesas tienen más riesgo de desarrollar un edema linfático. Limitar la ingesta de sal.

-Extremar el cuidado de la piel ya que esta tiene menos defensas.

-No llevar relojes, pulseras o anillos en el brazo afectado.

-No llevar excesivo peso sobre el brazo afectado.

-Utilizar guantes de goma en la cocina o el jardín.

-No coser, si es imprescindible utilizar dedales.

-Llevar el bolso en el lado contrario al brazo afectado.

-Elevar ligeramente el brazo por la noche (colocando una almohada debajo del codo y el antebrazo sobre el pecho).

-Elevar y apoyar el brazo al estar sentada.

-Utilizar ropa con mangas anchas y sujetadores sin tirantes que se abrochen en la espalda.

-Evitar el exceso de calor y de frío. Evitar cambios bruscos de temperatura.

-No dormir sobre el lado con linfedema.

-Aplicarse a diario unos minutos de autodrenaje.

·Abdominoplastia.

La abdominoplastia es el procedimiento quirúrgico que corrige las deformidades inestéticas de la pared abdominal, producidas por los cambios de peso, embarazos, cirugías previas, etc.

En la intervención se elimina el exceso de piel y grasa acumulada y si es necesario se repara la musculatura de la pared abdominal para darle firmeza.

La extensión de la cicatriz resultante es directamente proporcional a la cantidad de tejido que se ha eliminado.

Se realiza con anestesia general o epidural con sedación.

· Periodo Post-operatorio.

En el transcurso de la intervención se colocarán unos drenajes que se quitan en los días siguientes.

Puede ser necesaria la hospitalización de dos a tres días. Al día siguiente de la intervención la persona puede levantarse y caminar.

Tras la intervención, se coloca una faja que debe llevarse todo el día y la noche durante unas tres semanas, y una semana más únicamente por las noches. La faja solo debe quitarse para las curas, revisiones y masajes post-operatorios. Dependiendo de la evolución del tejido y las características de la operación puede prolongarse o acortarse este tiempo. Llevar la faja más tiempo del recomendado no mejora el resultado de la intervención y puede retrasar la recuperación.

Durante el periodo post-operatorio se puede sentir tensión o tirantez abdominal sobre todo al incorporarse o ponerse totalmente erecto, conviene adoptar una postura semi-acostada para dormir o sentarse.

El trauma quirúrgico provoca un edema en el abdomen, sobre todo en la zona sobre la cicatriz, que va disminuyendo progresivamente. A consecuencia de la posible limitación en la circulación linfática producida por la cicatriz y del daño sobre el sistema linfático causado en la intervención, puede mantenerse varias semanas.

Es normal que el edema en la zona abdominal aumente durante el transcurso del día, especialmente si se pasa mucho tiempo de pie, y disminuya por la noche mientras se duerme. Al estar tumbados se facilita la circulación linfática en el abdomen.

La aparición de seroma durante los primeros días es frecuente debido al despegamiento del tejido, se suele extraer mediante punción. Los pequeños seromas son reabsorbidos por el organismo.

Suele haber una alteración en la sensibilidad, notándose sensación de acorchamiento y pérdida de sensibilidad en la zona central y baja del abdomen. La sensibilidad se recupera lentamente en el transcurso de los meses siguientes. En grandes abdominoplastias puede haber una pérdida de sensibilidad permanente.

No se debe fumar en la semana anterior a la operación y en el periodo postoperatorio. El tabaco dificulta la oxigenación y llegada de nutrientes a la piel de la zona operada, razón por la cual hay mayor riesgo de complicaciones en la cicatrización o necrosis grasa y se ralentizará la regeneración del tejido

Es frecuente el dolor o molestias en la espalda, como consecuencia de la postura encorvada que adopta la persona los primeros días, aunque la faja realiza la función de soporte ayudando a prevenir el dolor.

Conviene realizar varias comidas al día de pequeñas cantidades para evitar tensión en el abdomen y reducir la ingesta de alimentos que puedan producir gases.

Se recomienda dar pequeños paseos desde los primeros días, para realizar ejercicio físico más intenso se esperará al menos un mes y se seguirán las recomendaciones dadas por el cirujano plástico.

La cicatriz, durante las primeras semanas se puede encontrar hinchada y enrojecida. Con el paso de los meses mejora el aspecto y puede llegar a ser casi imperceptible.

La presencia de la faja provoca que la piel se reseque, razón por la que es recomendable el uso de cremas hidratantes una vez lo autorice el equipo médico.

·Liposucción y Lipoescultura.

La liposucción es la intervención en la cual se extrae grasa localizada, consiguiendo disminuir acumulaciones de la misma. La extracción se realiza utilizando unas cánulas de punta redondeada especialmente diseñadas para minimizar los daños sobre el tejido. La extracción de grasa se debe hacer de forma homogénea para evitar irregularidades en la piel.

En los lugares donde se ha introducido las cánulas es necesario dar un punto de sutura que se retira a partir de los 10 días. Estos puntos son inapreciables pasados unas semanas.

· Periodo Post-operatorio.

Al finalizar la liposucción se coloca una faja de contención, que debe llevar las 24 horas del día sin interrupción durante 3 semanas aproximadamente y luego una semana más solo por la noche. La faja solo se quitará para el aseo personal, revisiones médicas y sesiones de tratamiento post-operatorio. En ocasiones en liposucciones de grandes cantidades o bajo prescripción médica es necesario llevar la faja durante más tiempo. Prolongar el uso de la faja sin recomendación médica no mejora el resultado de la intervención. La finalidad de la faja es controlar la hinchazón y ayudar a la piel a adaptarse al nuevo contorno.

Es normal la aparición de hematomas, en ocasiones abarcando una gran superficie; se produce debido a la acción de la cánula sobre el tejido y se reabsorberán en las siguientes semanas. Se debe evitar el sol directo sobre estas zonas para evitar la aparición de manchas.

La liposucción forma un edema (hinchazón) que tarda varias semanas en reabsorberse; por esta razón los resultados obtenidos se empiezan a observar a partir de los 15 días cuando ha empezado a reducir el edema. Se debe esperar algunos meses para tener una idea clara del resultado final.

Pueden formarse zonas de fibrosis; generalmente cerca de donde ha habido incisiones para la cánula, mostrándose como zonas duras al tacto. Desparecerán tras unas pocas semanas. Los tratamientos de recuperación logran disminuir la fibrosis en menor tiempo.

Es normal la pérdida parcial y temporal de sensibilidad en la piel durante algunos días, progresivamente se va recuperando. Algunas personas afirman tener "sensación de corcho" en la piel. Los masajes post-operatorios contribuyen a normalizar la sensibilidad en las zonas intervenidas.

El periodo postoperatorio de la liposucción puede ser un poco molesto al principio y suele ser doloroso. En algunas personas aparecen puntos de dolor muy localizados que desaparecen con el tiempo. Ocasionalmente aparecen zonas más inflamadas que producen mayor molestias. En cualquier caso el cirujano puede prescribir calmantes (nunca aspirina). Los tratamientos con drenaje linfático disminuyen o eliminan estas molestias.

A veces se sienten como cosquilleos o picor, posiblemente resultado de la cicatrización interna. También la sensibilidad en la piel puede estar alterada, normalizándose con el tiempo.

Es recomendable dar paseos con calzado cómodo (sin tacón) tan pronto como se pueda, para hacer ejercicio físico más intenso se debe esperar un mes.

· Fibrosis tras la Liposucción.

En términos generales, la fibrosis no es más que la formación excesiva de tejidos fibrosos, generada a causa de una patología que consiste en problemas circulatorios, que a su vez sobre estimulan la producción de colágeno o también como el resultado de una inflamación crónica.

Cuando aparece como consecuencia de un procedimiento estético externo se le denomina fibrosis post quirúrgica, se concentra principalmente en el área de la cicatrización, donde se forma más tejido fibroso del requerido, y puede causar dolores intensos.

No obstante, es necesario enfatizar que el endurecimiento post quirúrgico de la zona donde se realizó el corte es normal durante los primeros días o semanas o el tiempo que tarde el proceso de recuperación, pero es una condición que con el tiempo, y en casi todos los casos con el apoyo de masajes previamente indicados, va mejorando.

Inclusive puede haber casos en los que la presencia de este tejido sea irregular debido a que no siempre la desinflamación es equilibrada en toda la zona intervenida. Y si se trata de una cirugía que implica adelgazamiento, la velocidad con que se dé también puede incidir en una primera apariencia, y de acuerdo con los cuidados post operatorios la imagen final.

Cualquiera que se someta a una liposucción o sus variantes (lipoescultura, abdominoplastia, etc.) desarrollará fibrosis, y esto ocurre porque cuando las cánulas extraen la grasa suelen crean heridas internas cuyos tejidos deben regenerarse.

Como resultado, se forman hematomas y edemas en el interior del cuerpo que al cicatrizarse se manifiestan en el exterior como protuberancias endurecidas que deforman el resultado final de la cirugía.

Igualmente, puede que se acumulen masas de grasa fuera de los adipocitos que no se extraigan y luego, al degenerarse, formen fibrosis. También cúmulos que contienen fibras de colágeno que al desplazarse liberan la sustancia endureciendo la piel que los rodea.

Así mismo, el riesgo de fibrosis es proporcional al tamaño del corte y la cantidad de sangrado durante el procedimiento. De igual manera, hay personas que son propensas a cicatrizar más de lo necesario.

Para evitar estos efectos secundarios, lo ideal es seguir las indicaciones post operatorias del cirujano principalmente guardar reposo mientras la piel se acostumbra a su nuevo volumen.

Para fortuna de muchos, actualmente existen diversos tratamientos y procedimientos que con apoyo de los cuidados post operatorios pertinentes recomendados por tu cirujano ayudan a la reducción e incluso sanación absoluta de la fibrosis.

Lógicamente, determinar la mejor opción para cada caso variará según el tamaño de la afección y zona corporal donde fue realizada la cirugía. No obstante, los masajes, preferiblemente hechos por profesionales, siempre serán una norma universal.

· Aumento de Glúteos.

El aumento de glúteos es una de las intervenciones estéticas que más satisfacción genera en los pacientes, especialmente cuando estos desean armonizar su cuerpo porque tienen un glúteo plano o poco proyectado y piden asesoramiento para obtener un volumen acorde a su figura.

Actualmente existen tres métodos para ganar volumen en esta zona: el aumento de glúteos sin prótesis y con grasa propia (transferencia de grasa); el aumento con implantes; y la técnica mixta que combina ambos procedimientos.

Al realizar una cirugía para aumentar glúteos los cirujanos buscan regenerar la figura del paciente de manera natural, es decir, mejorar el aspecto del glúteo sin que se note que ha sido operado.

Este procedimiento se realiza para:

-Aumentar el volumen de los glúteos.

-Levantar glúteos caídos.

-Corregir pequeñas imperfecciones como "hoyitos" y depresiones.

-Perfeccionar una distribución poco adecuada de la grasa en esta región anatómica.

-Subsanar casos de celulitis grave.

En el caso del aumento de glúteos con implantes es fundamental que el cirujano tenga experiencia y que seleccione el tipo de prótesis adecuada para cada paciente. Como esta se pone dentro del músculo, es necesario utilizar el plano quirúrgico correcto para evitar resultados no deseados con el paso de los años.

Por otra parte, el aumento de glúteos con grasa propia permite una remodelación de toda la espalda del paciente. Así, la técnica permite sacar grasa de la cadera y de la región trocantérea (las conocidas "pistoleras") y utilizarla para aumentar el volumen del glúteo y mejorar el aspecto de su piel. De esta forma no solo aumentamos la piel, sino que estilizamos la figura y conseguimos una mayor armonía corporal.

·Periodo Post operatorio.

Al terminar la cirugía, el paciente deberá estar en la habitación boca abajo o de lado evitando la colocación boca arriba que puede ocasionar irritación del nervio ciático por las secreciones hemáticas y el edema (la inflamación).

Habitualmente se utilizan drenajes durante las primeras 48 horas evitando de esta manera colecciones hemáticas que puedan irritar al nervio ciático y causar dolor importante en el postoperatorio.

A partir del día siguiente a la cirugía el paciente puede dar cortas caminatas para facilitar la acomodación de la prótesis y extender un poco la musculatura que estará contracturada.

Ya en casa, el paciente puede sentarse, ducharse e incluso sentarse con normalidad aunque es muy importante evitar mojar la cicatriz mientras tenga el vendaje. Después de ir al baño se aconseja limpieza con agua y jabón y posteriormente aplicación de un antiséptico sobre la herida.

Se puede conducir a partir de los 10 días e iniciar ejercicios ligeros a partir del mes. Deben evitarse los ejercicios pesados, fuerza en la musculatura del glúteo y gran flexión del tronco durante los dos primeros meses para evitar que el espacio creado para la prótesis glútea se ensanche más de la cuenta.

Tras la intervención, es conveniente dormir boca abajo. En los días posteriores a la misma, se debe evitar tomar asiento o apoyarse directamente sobre los glúteos. Los resultados son muy satisfactorios y visibles desde el primer día.

Los drenajes serán retirados entre las 24 y 72 horas después de la intervención, dependiendo del grado de sangrado.

Las suturas se retiran alrededor del séptimo día. Seguidamente se coloca sobre las cicatrices un esparadrapo antialérgico que deberá llevar durante unas tres semanas.

El vendaje, si es necesario, se retirará dependiendo de los casos entre el 2º y 7º día.

Son normales los siguientes síntomas tras un del aumento de glúteos:

-Dolor en el sacro y nalgas. Estas molestias deberán aliviarse a partir del tercer día.

-Leve ascenso de la temperatura (hasta 38.3ºc) en las primeras 48 horas.

-Que los tubos del drenaje se llenen de sangre o de suero.

-Pequeño sangrado y/o secreción sero-sanguinolenta por la cicatriz en las primeras 48 horas.

-La presencia de edema, lo cual provoca un mayor aumento del volumen de las nalgas, que disminuirá progresivamente desapareciendo alrededor del 3º mes.

· **Rinoplastia.**

Es la intervención quirúrgica que tiene como finalidad modificar el aspecto estético de la nariz. Puede aumentarse o disminuir el tamaño de la misma o cambiar su forma. Para ello es necesario separar la piel del hueso y cartílago para poder remodelar de la forma deseada la nariz.

En la intervención pueden corregirse además algunos problemas funcionales como la dificultad para respirar.

En líneas generales hay dos tipos de intervenciones; la rinoplastia cerrada (sin cicatriz externa) y la rinoplastia abierta en la que habrá una pequeña cicatriz en la parte inferior de la nariz.

· **Periodo Post operatorio.**

Tras la intervención se coloca una escayola o una pieza de plástico o metal sobre la nariz para protegerla y ayudar a darle forma. Se retira a partir de los diez días.

A veces se taponan las fosas nasales para evitar el sangrado. El taponamiento se quita a partir de las 12 horas siguientes a la cirugía.

Durante los primeros días, además de la nariz es frecuente que se forme edema y equimosis (moratones) en los pómulos y alrededor de los ojos. Es normal algo de sangrado en las horas siguientes a la intervención. Para frenarlo se colocan gasas humedecidas en agua oxigenada. Si el sangrado es excesivo o no cesa debe consultar con el equipo médico.

En ocasiones se sufre durante los primeros días de dolor de cabeza, el cirujano prescribirá analgésicos.

No se pueden utilizar gafas hasta que el cirujano lo autorice.

Es necesario dormir boca arriba, con el cabecero ligeramente elevado durante los primeros días. De esta forma se ayuda a drenar el edema y se evita girarse y apoyar la nariz en el colchón o almohada.

Debe protegerse la piel del sol durante las primeras semanas.

No se debe hacer una limpieza de cutis (sobre la nariz) hasta que el cirujano lo autorice. Hay que tener cuidado al sonarse durante los primeros días. Puede resultar molesto y aparecer algo de sangrado.

El periodo postoperatorio no suele ser doloroso, pero puede ser un poco molesto.

·Liposucción de Papada.

La cirugía de contorno cervical, conocida popularmente como liposucción de papada, proporciona un aspecto más suave y refinado del cuello y la línea del mentón. Mejorar un cuello grueso, arrugado o caído, puede mejorar de forma importante la apariencia del paciente, haciéndole parecer más joven y creando la sensación de que ha perdido peso.

La mejora del contorno del cuello, ayuda a devolver el equilibrio a los caracteres faciales, aportando una línea de la mandíbula mejor definida como marco para el resto de la cara. Esto aun cuando no se combine con otros procedimientos faciales.

La cirugía del contorno del cuello incluye varios procedimientos que pueden usarse de forma independiente o asociados a otras técnicas quirúrgicas faciales para ajustarse a las necesidades y aspiraciones de cada paciente.

Es un procedimiento relativamente rápido. Puede ser realizado bajo anestesia local o general, según las características y en ocasiones preferencias del paciente.

Se realiza una o dos pequeñas incisiones que se ocultan bajo el mentón o detrás de las orejas. Usando estas incisiones su cirujano introduce pequeñas cánulas de liposucción mediante las cuales retirará la grasa excedente y esculpirá un contorno natural y más armónico del cuello y mentón del paciente.

· Periodo Post operatorio.

-Es un procedimiento poco doloroso.

-Es ambulatorio, se puede ir a casa el mismo día del procedimiento.

-Después del procedimiento los pacientes han de utilizar una banda sobre la zona tratada por 3-4 días.

-Se puede reincorporar al trabajo una semana después de la intervención y al resto de actividades en dos semanas.

· **Lifting Facial**.

El término ingles lifting, engloba una amplia variedad de procedimientos y técnicas quirúrgicas. Técnicamente se conoce como ritidectomía. Se puede realizar en la cara, frente y cuello. En líneas generales, la intervención consiste en: despegar la piel de sus tejidos subyacentes, estirar y colocarla a una tensión y dirección adecuada, eliminar la flaccidez tensando la musculatura, reducir las arrugas prominentes y extirpar el exceso de piel sobrante.

La mejoría y duración de los efectos de esta intervención, dependen de la experiencia y habilidad del cirujano plástico, asimismo influye la calidad y consistencia de la piel, y la estructura ósea y muscular de la cara.

· **Periodo Post operatorio.**

En los primeros días se pueden sentir molestias y sensación de tensión o tirantez en las zonas intervenidas. También es normal la sensación de "acorchamiento" y pérdida de sensibilidad en las zonas próximas a las cicatrices. Poco a poco estas sensaciones se normalizan.

Todas las suturas utilizadas para cerrar las incisiones son retiradas progresivamente; las suturas de la cara se retiran aproximadamente a partir del sexto día, mientras que las suturas del cuero cabelludo pueden permanecer más tiempo. Se utilizan tanto puntos externos como grapas.

Es normal la presencia de edema y equimosis en los tejidos durante los primeros días.

Las cicatrices se muestran ligeramente enrojecidas durante un periodo de tiempo tras la cirugía, generalmente de 6 a 12 semanas. A medida que las cicatrices evolucionan, el enrojecimiento se va atenuando y las cicatrices toman un color similar al de la piel circundante, hasta casi desaparecer.

Puede haber una ligera caída de pelo en la zona de las cicatrices del cuero cabelludo (lifting frontal). Los problemas de la cicatrización y caída de pelo son más probables en personas fumadoras, (el tabaco dificulta la irrigación sanguínea en la piel). Por ello es muy importante dejar de fumar como mínimo desde dos semanas antes de la intervención hasta las dos semanas posteriores.

Pueden aparecer áreas de fibrosis, generalmente en el cuello o debajo de la barbilla, y esta fibrosis va disminuyendo gradualmente.

El sistema linfático facial se ve afectado en menor o mayor grado por las incisiones realizadas, el desprendimiento de la piel y las cicatrices residuales. El daño del sistema linfático es en parte responsable de la persistencia del edema postoperatorio.

Para dormir, debe tener la cabeza levantada unos 30 grados y el cuello en una posición neutral, sin flexión, extensión o lateralización; es decir, mirando hacia el futuro.

·Bichectomía.

La bichectomía es una técnica que está en auge en el sector de cirugía estética. El procedimiento consiste en la extracción, mediante una intervención quirúrgica de carácter menor, de las llamadas bolas de Bichat, unas glándulas de tejido graso que se encuentran en las mejillas, justo por debajo de los pómulos, y separadas completamente de otros tejidos. Estas glándulas no cumplen ninguna función específica en los adultos, sino que solo aportan volumen a la zona, haciendo más redondo el rostro dependiendo de su tamaño y la forma del contorno facial de la persona.

La bichectomía está indicada para personas delgadas, de cualquier sexo, que tienen un aspecto redondeado y poco definido del rostro, sin que esto se deba a una posible obesidad o sobrepeso. También para personas que deseen tener el rostro más estilizado y anguloso, ya que al extirpar las bolas de Bichat, se consigue dar un aspecto más delgado a la cara, como consecuencia del hundimiento de la mejilla que acentúa más los pómulos.

La cirugía es de carácter menor, pues se trata de unos simples cortes que se realizan en la parte interna de las mejillas, y desde los que se extraen las bolas de Bichat. No es una intervención complicada, dura poco tiempo, aproximadamente 40 minutos, y no necesita grandes cuidados posteriores, por lo que se podrá volver a la rutina diaria nada más salir del centro.

· **Blefaroplastia.**

La blefaroplastia es el conjunto de procedimientos quirúrgicos que corrigen las alteraciones estéticas de los parpados como el exceso de piel y músculo, y las bolsas de grasa.

Puede hacerse tanto en el parpado superior como en el parpado inferior.

Se suele realizar con anestesia local más sedación.

Las cicatrices resultantes, por su situación y gracias a que la piel del parpado es muy fina; son prácticamente imperceptibles.

· **Periodo Post-operatorio.**

Es normal la aparición de edema y equimosis (moratones) sobre las zonas operadas y en el tejido próximo. Para ayudar a reducir el edema, durante los primeros días se debe dormir con el cabecero de la cama elevado.

Tras la cirugía se colocan apósitos en las cicatrices que se retiran a partir del sexto día.

Durante los primeros días se puede tener sensación de tirantez debida a la presencia de las cicatrices o el edema.

Puede aparecer conjuntivitis que debe ser tratada por el equipo médico, normalmente recetando algún colirio.

La aplicación de colirios y pomadas para proteger el globo ocular, puede ocasionar que durante unos días se tenga una visión borrosa.

Es normal la molestia en la zona intervenida pero si aparece dolor debe consultarse al equipo médico.

La intervención puede ocasionar la aparición de ojeras por acumulación de líquido en el parpado inferior. El drenaje linfático y el tiempo las disminuirán.

Puede producirse durante los primeros días más producción de lágrimas y también menor producción de lágrimas requiriéndose la utilización de colirios o lagrimas artificiales.

No se deben maquillar los ojos durante los días posteriores a la cirugía, incluyendo la aplicación de rímel en las pestañas. Dependiendo de la evolución el cirujano plástico le indicará cuando hacerlo.

Tratamientos Post operatorios más comunes

Son diversos los tratamientos post operatorios que se han desarrollado, a continuación un breve resumen de los más utilizados en todas partes del mundo y que han demostrado ser suficientemente efectivos.

· **Drenaje linfático manual.**

Es el método también denominado sesiones de masajes, pero la particularidad del drenaje linfático manual, o DLM como también se le llama, es que va en función de estimular los conductos del linfa, limpiándolos, revirtiendo la retención de líquidos y mejorando cuadros inflamatorios.

Quienes aplican esta técnica no solo deben contar con el conocimiento teórico-práctico de movimientos lentos, rítmicos, armónicos y suaves en dirección de la corriente de los conductos linfáticos sino también de intuición para determinar cómo tratar a cada paciente.

También es funcional para otros objetivos además del post operatorio de la cirugía estética: várices, fibromialgia, acné, celulitis, migrañas, dolor de cabeza, vértigo, artrosis, artritis, hipertensión, hipotiroidismo, afecciones del aparato digestivo, ansiedad, estrés, edemas premenstruales o por embarazo, entre otros.

Con esta técnica también se consigue inhibir nuestro sistema nervioso simpático, encargado de alertarnos y alistarnos para la acción, consiguiendo un estado de relajación y descanso óptimo, funciona como analgésico y desintoxicante, y estimula el aparato inmunológico, muy conveniente para el proceso de recuperación.

· **Ultrasonidos.**

Los ultrasonidos son un mecanismo térmico y acústico que actúa como un micro-masaje de alta frecuencia en zonas afectadas localizadas sobre la piel, lo que podría traducirse como un masaje celular y molecular, imposible de realizar solo con el uso de las manos.

Para aplicar este tratamiento es necesario el uso de geles antiinflamatorios, vasodilatadores periféricos, entre otros, que impidan la presencia de aire entre el cabezal del aparato y la piel, y que a su vez penetren la capa dérmica a través de la frecuencia ultrasónica.

Esta técnica hace más que corregir la fibrosis de forma superficial puesto que estimulan el drenaje linfático, mejoran la microcirculación de las zonas tratadas, incrementan la permeabilidad de la piel y optimizan el metabolismo adiposo. También se usa contra la celulitis, várices, tendinitis y otros.

· LPG.

Nombre derivado de su inventor, Louis Paul Guitay (Francia), es una técnica que consiste en tres rodillos motorizados que combinan movimientos ondulados, en forma de espiga y de ocho para la estimulación integral de los tejidos de la piel.

Su uso principal es moldear el cuerpo, y en cuanto a la fibrosis es ideal para corregir las protuberancias y minimizar las cicatrices post liposucción que puedan afectar la apariencia, así como para eliminar la piel colgante.

De la misma forma, reorganiza la grasa que queda dentro del organismo, logrando mejores resultados que los que se pueden obtener a través de un reposo convencional y de manera más acelerada.

Entre sus demás beneficios mejora la circulación sanguínea y linfática (reduce la retención de líquidos), tonifica, suaviza y flexibiliza la piel (aporta elasticidad), estimula la eliminación de grasa periférica (pérdida de volumen y peso), trata la celulitis (vascularización e expulsión de toxinas).

Ahora, a pesar de ser una técnica muy avanzada y de que sirve para moldear la figura, además de sus muchas otras aplicaciones, no sustituye una liposucción, ya que no elimina la grasa interna del cuerpo, sin embargo sí te puede ayudar a adelgazar, siempre acompañado por una dieta saludable y ejercicio físico.

Otras aplicaciones son piernas cansadas, quemaduras, tensión y dolor muscular, lesiones deportivas, estreñimiento, envejecimiento de los tejidos, regeneración de la piel, entre otros, y de acuerdo a cada caso se necesitarán entre 12 y 16 sesiones de aproximadamente 35 minutos cada una.

· **Carboxiterapia.**

Es una técnica cuyo uso principal está especialmente orientado a corregir imperfecciones post quirúrgicas de liposucción o lipoescultura, y consiste en inyectar dosis controladas de dióxido de carbono (CO_2) en zonas localizadas donde existe fibrosis u otro tipo de afección causado por algún procedimiento.

Aun así, conserva otras aplicaciones comunes en las técnicas anteriormente mencionadas. Se emplea también para combatir estrías y celulitis, grasa acumulada, adiposidades localizadas, flacidez en la piel y el rejuvenecimiento facial o regeneración celular de los tejidos.

En este sentido, algunos médicos recomiendan su aplicación con fines exclusivamente estéticos en el rostro por el aporte de colágeno que previene el envejecimiento y reafirma los tejidos, haciéndolo especialmente efectivo para personas que han dejado de fumar.

Por supuesto que existen otros tratamientos como la corriente galvánica que destruye los tejidos dañados mientras estimula la construcción de otros nuevos, las ondas de choque que relajan los conectivos y regeneran las células, y el lipoláser que es una alternativa a la liposucción mediante luz láser.

EL FINAL DE ESTE TRABAJO ES EL COMIENZO DE TU EXPERIENCIA

Hemos llegado al final de este trabajo que disfruté mucho creándolo pensando en que a alguien le puede servir. A ti que lo Elegiste, deseo lo aproveches y saques el mejor de los beneficios en tu planificación y tus resultados. Cuídate, prepárate, organízate con consciencia, pero sobre todo sé consciente de que ya Eres Única/o y Perfecta/o.

Agradezco que me hayas leído y que mi trabajo haya llegado a tus manos.

A continuación veras las herramientas que diseñe para facilitar y hacer práctico todo lo que ya aprendiste, de tal manera que estés asistida/o en todos los momentos del proceso y las tengas a mano en los momentos oportunos, imprímelas y consérvalas en una carpeta o sobre para que no se dañen, siente la tranquilidad de que paso a paso estarás guiada/o a lograr tu objetivo y que no dejaras de lado ningún detalle.

Disfruta el proceso y Gracias por estar allí para mí!

☑ Lista de Chequeo 1

PARA DISCUTIR CON TU CIRUJANO

1 mes antes de la cirugía

Nombre del Cirujano	
Teléfonos de contacto	
Fecha probable de la cirugía	
Hora	

	ANOTACIONES
Plantear enfermedades o patologías previas	
Expectativas de los resultados	
Riesgos y posibles complicaciones	
Tratamientos post quirúrgicos. ¿Dónde realizarlos?	
Cuidados especiales según mi cirugía	
Cuidados pre operatorios	
Prótesis	
Soportes especiales y elásticos post quirugicos	
Alimentación	
Tiempo de recuperación/ reanudación de actividades	
Exámenes y evaluaciones pre-operatorias	

Medicamentos que estoy consumiendo	Medicamentos que NO debo consumir	Medicamentos que puedo consumir

Observaciones Adicionales: _______________________________________
____
____

☑ Lista de Chequeo 2

Organizando el Pre-operatorio

Fecha de la cirugía
Hora

Chequear con el cirujano en la última consulta pre-operatoria	Insumos para el Botiquín Casero para las curas	Medicamentos naturales permitidos en el post-operatorio

☐ **Resultados de exámenes y evaluaciones pre-operatorias**

☐ **Solicitar prescripción o receta médica del tratamiento post-operatorio**

☐ **Comunicar al cirujano si tendré el periodo menstrual el día de la cirugía**

☐ _______________________

☐ Gasas estériles
☐ Povidona yodada / sustancia antiséptica
☐ Solución fisiológica
☐ Jabón liquido Anti-Bacterial
☐ Tijeras de punta redondeada
☐ Papel secante
☐ Jeringuilla
☐ Adhesivo antialérgico
☐ Gel Antibacterial de Manos
☐ _______________________

☐ Árnica en glóbulos

☐ Centella Asiática

☐ Sedante Natural

☐ Laxante suave

Actividades durante la última semana antes de la cirugía

Lista de Compras	Actividades Adicionales

☐ Soportes especiales/elásticos post-operatorios
☐ Artículos de aseo personal
☐ Toallas húmedas de bebe
☐ Tratamiento post operatorio
☐ Insumos del botiquín casero
☐ Medicinas naturales
☐ Protectores de cama desechables
☐ Pitillos (*PLUS 9*)
☐ Almohadas
☐ Fomentera
☐ Víveres y alimentos
☐ Infusiones
☐ Artículos de limpieza del hogar

☐ Confirmar con el acompañante y/o chofer para la cirugía, la hora y el día
☐ Limpiar y organizar la habitación
Tener a mano:
    ☐ Dispositivo de música
    ☐ Literaturas
    ☐ Revistas
    ☐ Películas
    ☐ _______________
☐ Organizar un espacio cómodo para colocar las medicinas y el botiquín casero
☐ Depilarse

El día antes de la cirugía	El día de la cirugía

☐ Colocar sabanas y mantas limpias a la cama
☐ Colocar toallas de baño limpias a la mano
☐ Arreglar la vestimenta que llevare puesta
☐ Organizar bolso de mano:
    ✓ Documentos personales
    ✓ Soportes/elástico post cirugía
    ✓ Dinero en efectivo, tarjetas de debito/crédito, etc.
☐ Retirar todas las joyas
☐ Llevar en el vehículo almohada y manta
☐ Rasurarse
☐ Colocar el despertador a la hora adecuada

☐ Tomar una ducha y lavar el cuerpo con jabón anti-bacterial
☐ Ordenar la cama
☐ Dejar todo dispuesto para la llegada

☑ Lista de Chequeo 3

Caminando por el Post-operatorio

Día y Hora Evaluación Post-operatoria	

Cuidados Post-operatorios a seguir los primeros días luego de la cirugía

- ☑ Cumplir el tratamiento post-operatorio dado por tu especialista al pie de la letra.
- ☑ Evitar cualquier otro medicamento sin consultar primero al cirujano.
- ☑ En caso de algún malestar o cambio en el curso normal del proceso de recuperación, comunicarlo directamente al cirujano o su equipo.
- ☑ Debes ser asistida/o para levantarte y acostarte de la cama. Evitar los esfuerzos.
- ☑ Caminar con ayuda desde los primeros días y evitar los períodos prolongados de quietud.
- ☑ El primer día especialmente, ingerir dieta líquida o blanda y luego, continuar con una dieta balanceada con abundantes líquidos.
- ☑ Evitar las exposiciones al sol y al calor. No debes cocinar.
- ☑ Utilizar siempre los soportes especiales post operatorios según las recomendaciones del Cirujano.
- ☑ Asistir cumplidamente a los controles médicos y tratamientos post-operatorios.
- ☑ No agacharse, hacer movimientos bruscos y ejercicios fuertes.
- ☑ Cuando el médico indique que te puedes duchar, hazlo con agua tibia y lava tu cuerpo con jabón líquido anti-bacterial, sécate muy bien, suavemente sin estrujar tu piel e inmediatamente realiza las curas de las heridas bajo las recomendaciones de tu médico. No te coloques ningún tipo de hidratante o loción corporal en las zonas afectadas.
- ☑ Evitar mojar las zonas afectadas fuera de la ducha diaria.
- ☑ Dormir o descansar semi-sentada/o con la cabeza ligeramente elevada, evitando posiciones laterales.
- ☑ No puedes conducir vehículos.
- ☑ No debes fumar ni consumir licor.

*En este espacio puedes colocar las recomendaciones adicionales dadas por tu cirujano

____
____
____
____
____
____
____

PLANIFICADOR DE GASTOS

GASTOS	TOTAL
Consulta del Cirujano Plástico	
Costo General de la Cirugía	
Exámenes pre-operatorios	
Evaluación pre-operatoria	
Medicación Pre-Operatoria	
Medicación Post-Operatoria	
Prótesis	
Soportes elásticos post operatorios	

Tratamientos Post-Operatorios

Ultrasonido	
Masajes	
Radiofrecuencia	
Drenaje Linfático	
Otros	

Compras Varias

Insumos del Botiquín Casero	
Medicinas naturales permitidas	
Gastos alimenticios (Dieta)	
Artículos de aseo personal	
Artículos de uso personal	
Artículos de aseo del hogar	

Otros Gastos

Total Gastos en General	

CRONOGRAMA PARA EL TRATAMIENTO POST-OPERATORIO

INSTRUCCIONES: Esta tabla está diseñada para 8 días de tratamiento a partir del mismo día de la cirugía. Generalmente los medicamentos post-operatorios se toman cada 8 y 12 horas, por ello cada día contiene 3 divisiones para 3 tomas diarias. En la columna de **MEDICAMENTO** coloca el nombre de la medicina y el número de tomas diarias. En las columnas diarias coloca la HORA RELOJ que corresponde a cada toma, conforme lo vayas cumpliendo, lo vas tachando para confirmar que lo cumpliste. En el primer rango se da ejemplo de cómo hacerlo.

MEDICAMENTO	DIA 1			DIA 2			DIA 3			DIA 4			DIA 5			DIA 6			DIA 7			DIA 8		
DESINFLAMATORIO 3 VECES/DIA	06:00 AM	02:00 PM	10:00 PM																					